Yoga com Papai Noel

Marcy Schaaf

Portuguese

Yoga with Santa

Marcy Schaaf

O Papai Noel está se preparando para a noite mais movimentada do ano — mas, dessa vez, ele está tentando algo novo! Antes de entregar presentes para crianças do mundo todo, o Papai Noel e a Sra. Claus desenrolam os tapetes de ioga e praticam alguns alongamentos e poses alegres. De torções de rena a flexões de bengala de doce, o Papai Noel aprende como a ioga o faz se sentir mais forte, mais flexível e cheio de energia! Junte-se ao Papai Noel em sua jornada de ioga enquanto ele encontra uma maneira divertida de se preparar para sua mágica aventura de véspera de Natal.

Ho ho ho - vamos fluir!

Prepare-se para se alongar, rir e sentir o espírito natalino com Yoga com Papai Noel!

É a época mais mágica do ano, e o Papai Noel está ocupado se preparando para sua grande jornada de véspera de Natal! Mas entregar presentes no mundo todo dá muito trabalho, e este ano, o Papai Noel quer ter certeza de que está pronto de uma maneira totalmente nova.

Junte-se ao Papai Noel enquanto ele descobre a alegria da ioga, alongamento e movimento para se preparar para sua noite mais movimentada. Com a ajuda da Sra. Claus e dos elfos, o Papai Noel aprende que um pouco de flexibilidade, equilíbrio e diversão podem fazer toda a diferença — especialmente quando se trata de espalhar a alegria do feriado! Vamos estender nossos tapetes e fazer ioga com o Papai Noel!

Copywrite @ 2024 Marcy Schaaf
Yoga with Santa

Santa was getting ready for his biggest
night of the year.

Papai Noel estava se preparando para a maior noite do ano.

But this year, Santa felt a bit stiff from
sitting all day.

Mas este ano, o Papai Noel estava um pouco duro por ter ficado sentado o dia todo.

Mrs. Claus said "Yoga will make you feel flexible and strong again!"

A Sra. Noel disse: "A ioga fará você se sentir flexível e forte novamente!"

So Santa rolled out a mat and began
with a simple stretch.

Então o Papai Noel desenrolou um tapete e começou com um alongamento simples.

First, Santa reached his arms high,
stretching toward the North Star.

Primeiro, Papai Noel levantou os braços, esticando-os em direção à Estrela Polar.

Next, Santa bent down, touching his toes like a candy cane.

Em seguida, Papai Noel se abaixou, tocando os dedos dos pés como se fossem uma bengala de doce.

He then twisted his waist like a pretzel.
"Feeling looser already!"

Ele então torceu a cintura como um pretzel. "Já estou me sentindo mais solto!"

Santa balanced on one leg, pretending to be a tall Christmas tree.

Papai Noel equilibrado em uma perna, fingindo ser uma alta árvore de Natal.

"Whoa!" he said, wobbling a little, "This is harder than I thought!"

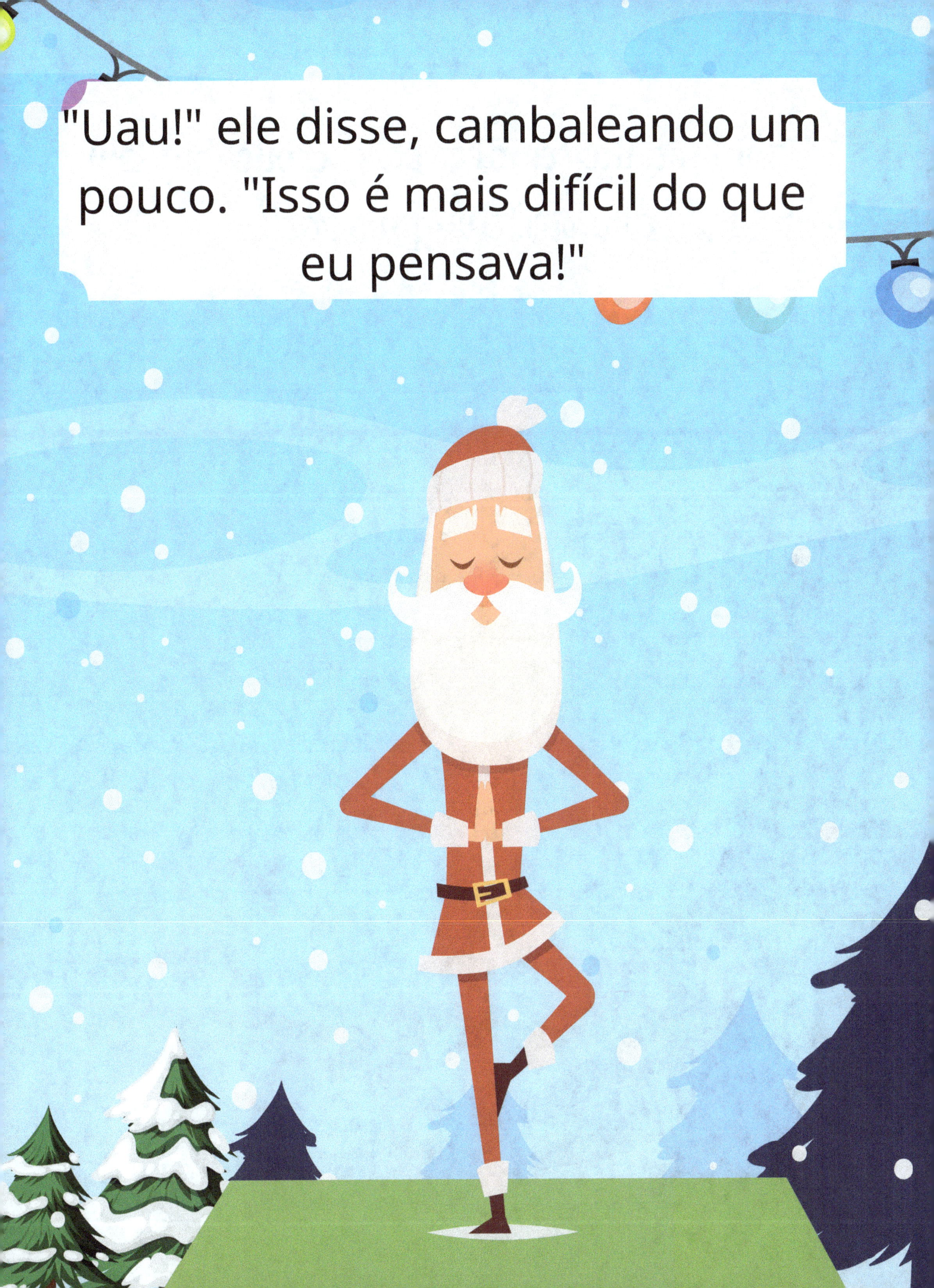

"Uau!" ele disse, cambaleando um pouco. "Isso é mais difícil do que eu pensava!"

Santa did the reindeer pose, crouching low and stretching his back.

Papai Noel fez a pose da rena, agachando-se e esticando as costas.

"Dasher and Dancer always so quick—
maybe this will help us too!"

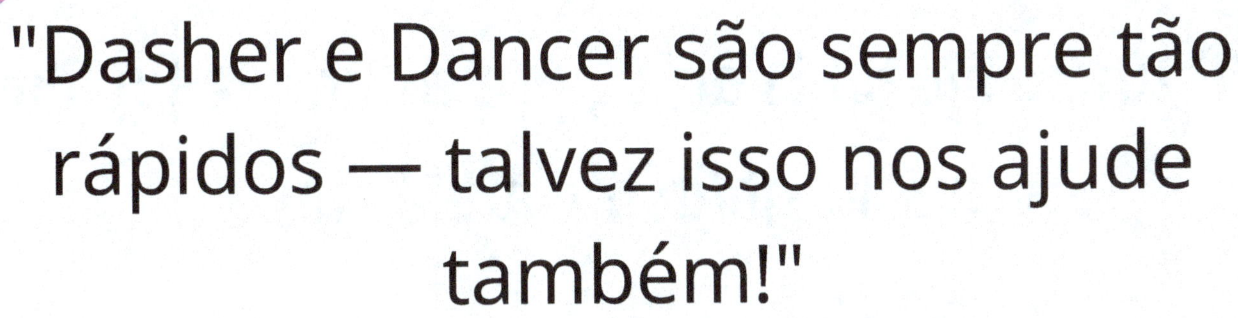

"Dasher e Dancer são sempre tão rápidos — talvez isso nos ajude também!"

Prancer lifted his arms, pretending to fly like his sleigh in the night sky.

Prancer levantou os braços, fingindo voar como seu trenó no céu noturno.

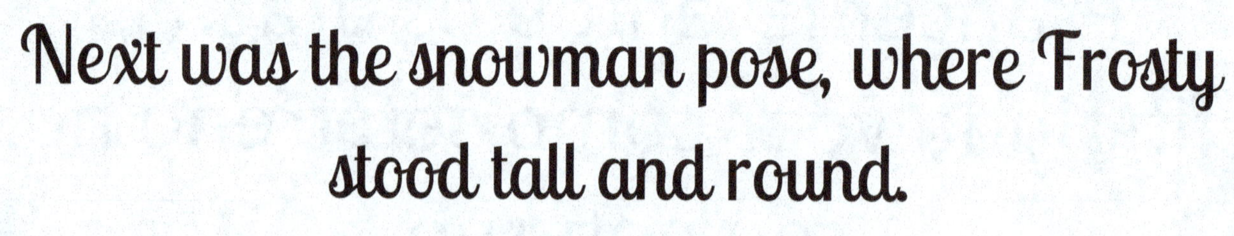
Next was the snowman pose, where Frosty stood tall and round.

A próxima foi a pose do boneco de neve, onde Frosty ficou alto e redondo.

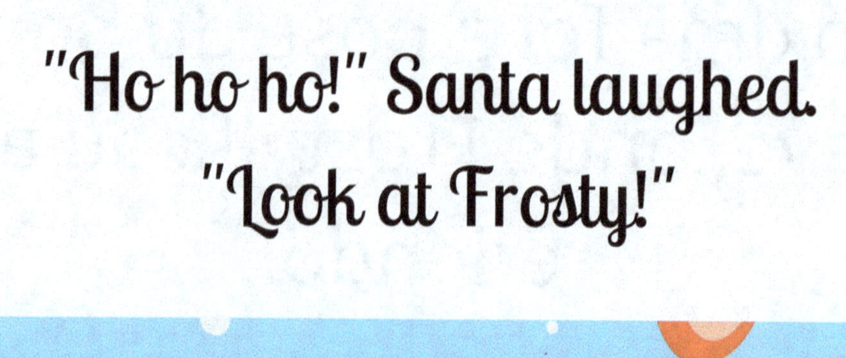
"Ho ho ho!" Santa laughed.
"Look at Frosty!"

"Ho-ho-ho!" Papai Noel riu.
"Olha o Frosty!"

"I feel great!" Santa said.
"I'm ready to take on Christmas Eve!"

"Eu me sinto ótimo!", disse Papai Noel.
"Estou pronto para enfrentar a véspera de Natal!"

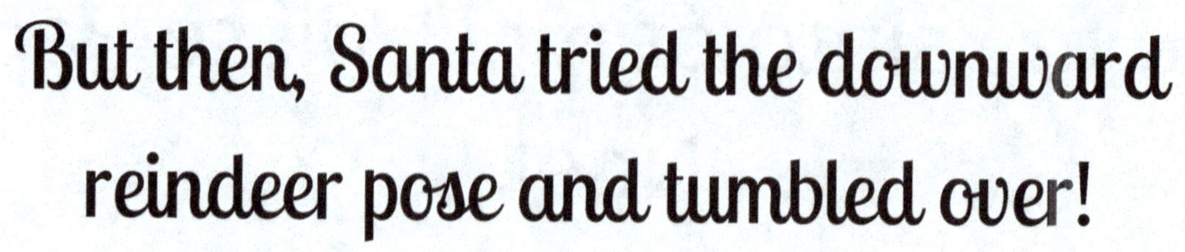

But then, Santa tried the downward reindeer pose and tumbled over!

Mas então, o Papai Noel tentou a pose da rena para baixo e caiu!

"Oops!" Santa chuckled, "Guess I need more practice with that one!"

"Ops!" Papai Noel riu, "Acho que preciso praticar mais com isso!"

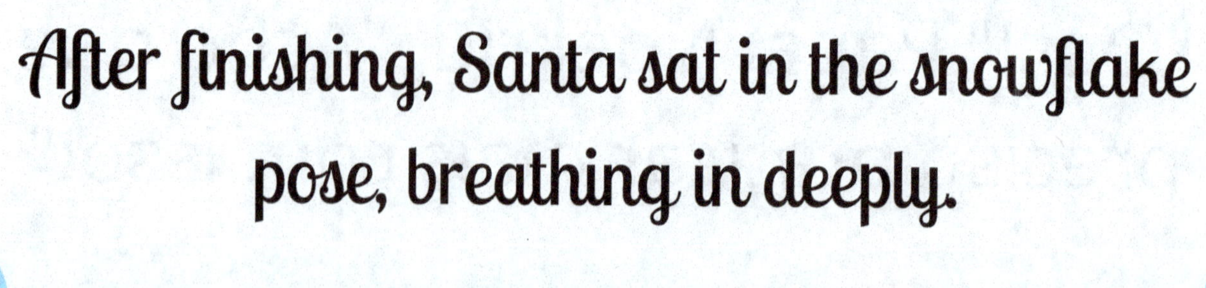

After finishing, Santa sat in the snowflake pose, breathing in deeply.

Depois de terminar, Papai Noel sentou-se na pose do floco de neve, respirando profundamente.

"Yoga makes me feel calm and strong, just what I need tonight."

"Yoga me faz sentir calmo e forte, exatamente o que preciso esta noite."

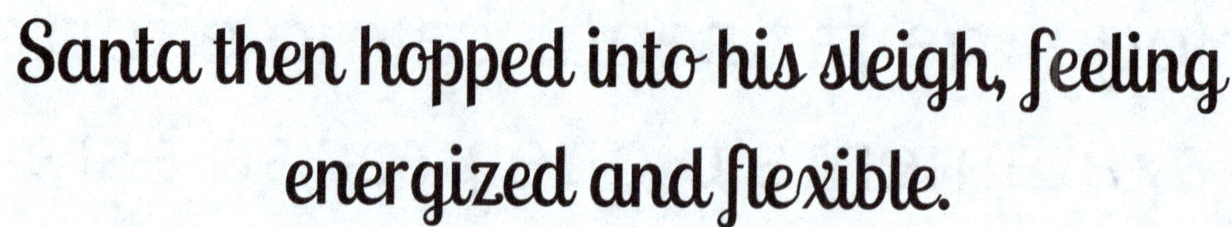

Santa then hopped into his sleigh, feeling energized and flexible.

Papai Noel então pulou em seu trenó, sentindo-se energizado e flexível.

The reindeer galloped through the sky,
pulling Santa and his gifts.

As renas galopavam pelo céu, puxando o Papai Noel e seus presentes.

He crouched down easily to fill stockings
and place gifts under trees.

Ele se agachou facilmente para encher meias
e colocar presentes debaixo das árvores.

Even climbing chimneys seemed easier after his yoga practice!

Até escalar chaminés parecia mais fácil depois da prática de ioga!

"Ho ho ho!" Santa laughed. "Yoga was the perfect idea!"

"Ho ho ho!", riu o Papai Noel.
"Yoga foi a ideia perfeita!"

By the time Santa finished, he still had plenty of energy to spare.

Quando o Papai Noel terminou, ele ainda tinha muita energia de sobra.

He returned to the North Pole and stretched one more time.

Ele retornou ao Polo Norte e se espreguiçou mais uma vez.

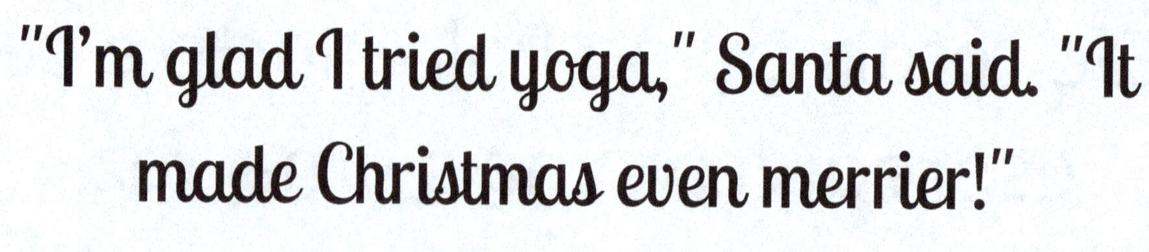

"I'm glad I tried yoga," Santa said. "It made Christmas even merrier!"

"Estou feliz por ter tentado yoga",
disse Papai Noel. "Deixou o Natal
ainda mais feliz!"

"Next year, I'll teach the reindeer and elves yoga too!" Santa declared.

"Ano que vem, eu também vou ensinar ioga para as renas e os elfos!", declarou o Papai Noel.

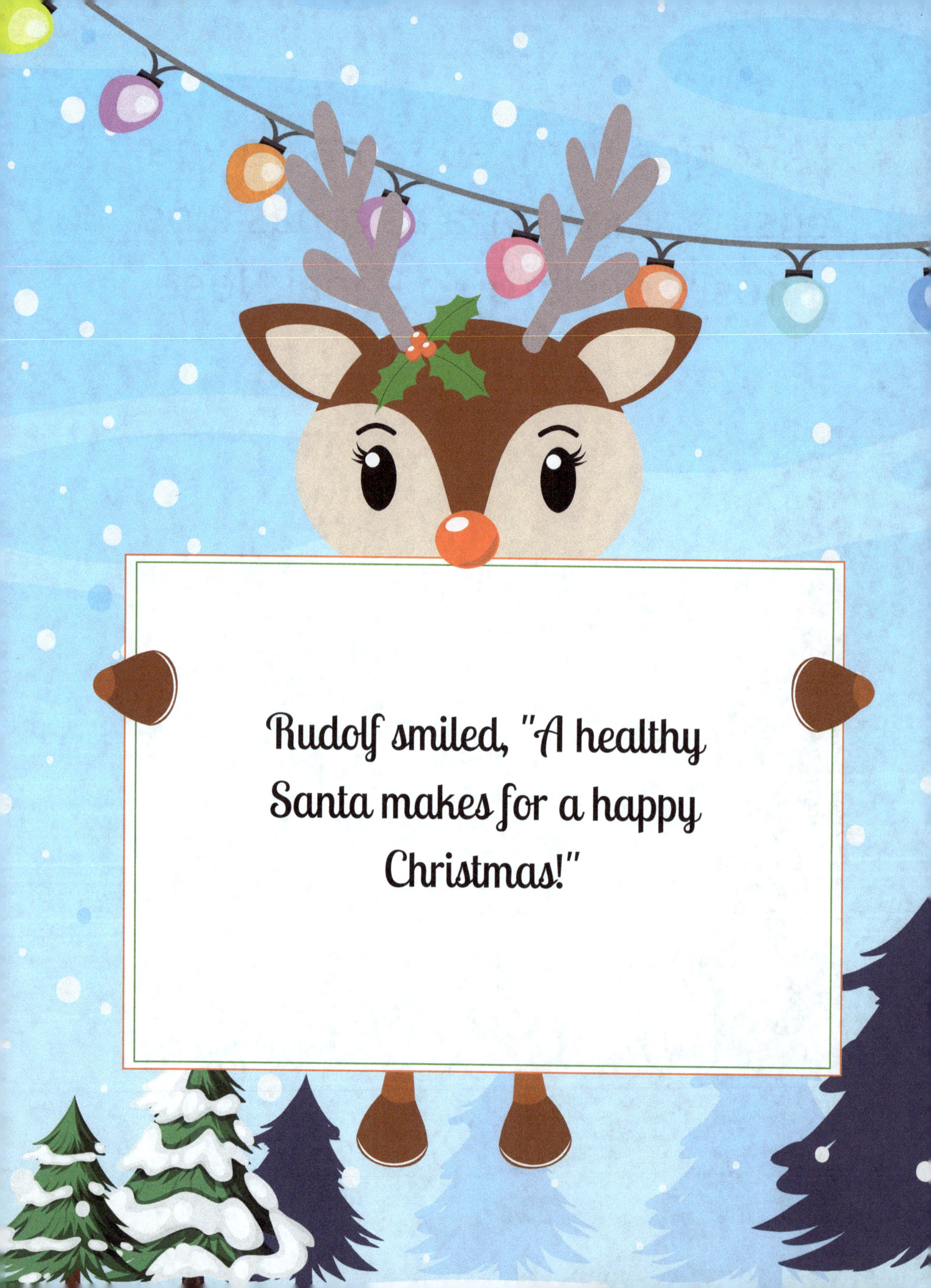
Rudolf smiled, "A healthy Santa makes for a happy Christmas!"

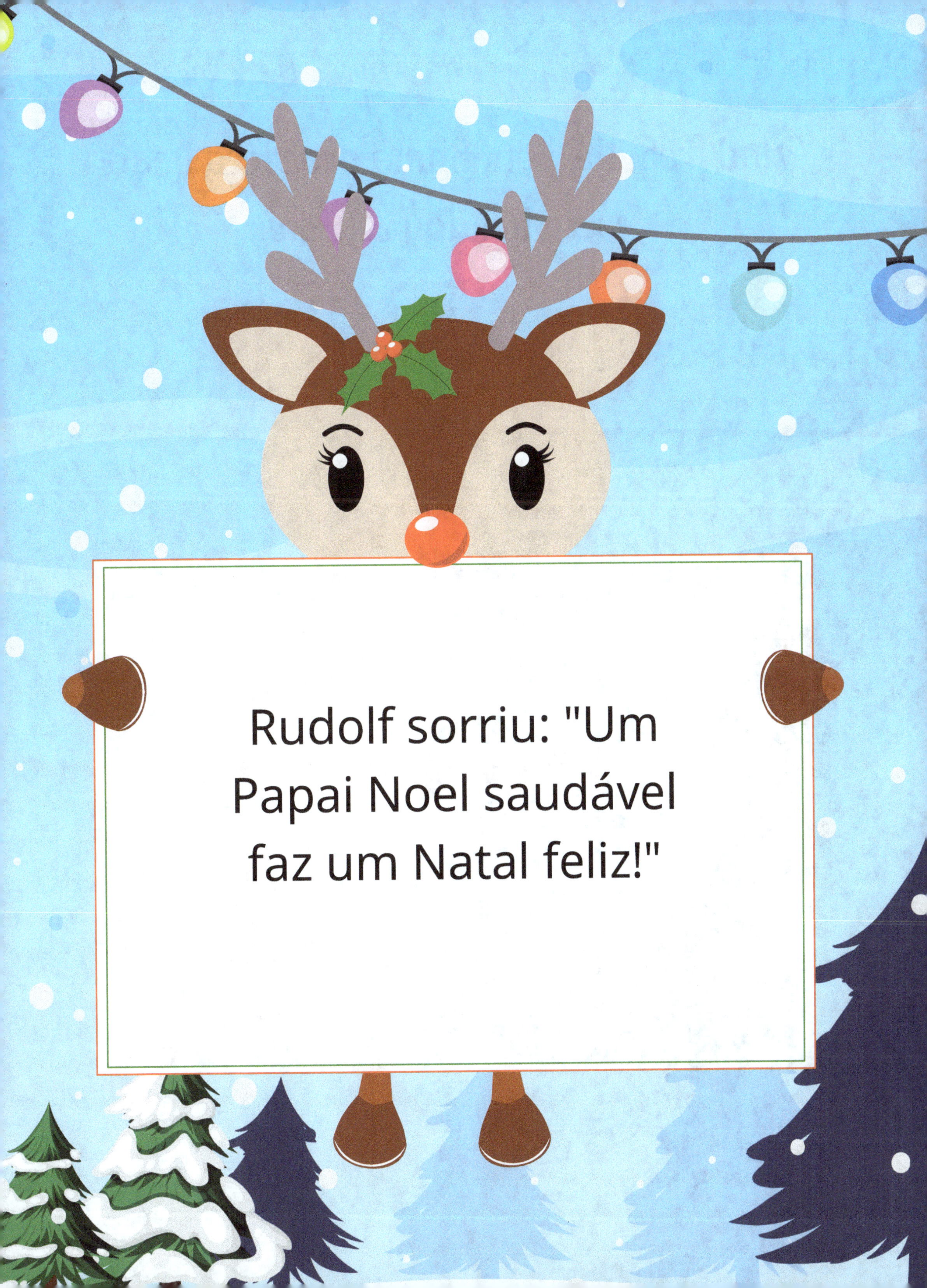
Rudolf sorriu: "Um
Papai Noel saudável
faz um Natal feliz!"

And from then on, Santa practiced yoga every holiday season!

E a partir daí, o Papai Noel passou a praticar ioga em todas as festas de fim de ano!

The

End

O fim

Join Our Book of the Month Club!

Looking for the perfect gift that keeps on giving? Join our Book of the Month Club! For just $30 a month, or $300 if you purchase a year upfront, you or your loved ones will receive a handpicked children's book every month, straight to your doorstep.

Here's how it works:
Choose from 15 different languages to receive bilingual books that make learning fun.
Enjoy monthly shipments of our exclusive books that inspire, teach, and entertain children of all ages.
Each month's book is carefully selected to provide a new adventure, valuable lesson, and a chance to explore cultures from around the world.
It's the perfect gift for birthdays, holidays, or just because! Whether you're nurturing a young reader or encouraging language learning, our Book of the Month Club is designed to bring joy to every bookshelf.

Exclusive Bonus: As part of your membership, you'll also receive a monthly podcast about our featured book delivered straight to your email! Listen in for behind-the-scenes insights, fun facts, and tips for making storytime even more magical.

Sign up today at www.Booksbyschaaf.com and start enjoying the gift of reading all year long!

Junte-se ao nosso Clube do Livro do Mês!

Procurando o presente perfeito que continua dando? Junte-se ao nosso Clube do Livro do Mês! Por apenas US$ 30 por mês, ou US$ 300 se você comprar um ano adiantado, você ou seus entes queridos receberão um livro infantil cuidadosamente selecionado todo mês, direto na sua porta.

Veja como funciona:
Escolha entre 15 idiomas diferentes para receber livros bilíngues que tornam o aprendizado divertido.
Aproveite envios mensais de nossos livros exclusivos que inspiram, ensinam e entretêm crianças de todas as idades.
O livro de cada mês é cuidadosamente selecionado para proporcionar uma nova aventura, uma lição valiosa e uma chance de explorar culturas de todo o mundo.
É o presente perfeito para aniversários, feriados ou só porque sim!
Quer você esteja nutrindo um jovem leitor ou incentivando o aprendizado de idiomas, nosso Clube do Livro do Mês foi criado para levar alegria a cada estante de livros.

Bônus exclusivo: como parte da sua assinatura, você também receberá um podcast mensal sobre nosso livro em destaque, entregue diretamente no seu e-mail! Ouça insights dos bastidores, fatos divertidos e dicas para tornar a hora da história ainda mais mágica.

Inscreva-se hoje mesmo em www.Booksbyschaaf.com e comece a aproveitar o presente da leitura o ano todo!

Books By Schaaf

www.BookBySchaaf.com

Find us at: